AF209380

Jean De La Fontaine

Fables Livre II
Illustrations par
Jean-Jacques Grandville

© 2023 Culturea Editions

Texte et illustration de couverture : © domaine public
Edition : Culturea (Hérault, 34)
Contact : infos@culturea.fr
Retrouvez notre catalogue sur http://culturea.fr
Imprimé en Allemagne par Books on Demand
Design typographique : Derek Murphy
Layout : Reedsy (https://reedsy.com/)

Dépôt légal : janvier 2023

Tous droits réservés pour tous pays

ISBN : 9791041914623

Table des matières

Contre ceux qui ont le goût difficile

Quand j'aurais en naissant reçu de Calliope
Les dons qu'à ses amants cette muse a promis,
Je les consacrerais aux mensonges d'Ésope :
Mais je ne crois pas si chéri du Parnasse
Que de savoir orner toutes ces fictions.
On peut donner du lustre à leurs inventions :
On le peut, je l'essaie : un plus savant le fasse.
Cependant jusqu'ici d'un langage nouveau
J'ai fait parler le loup et répondre l'agneau ;
J'ai passé plus avant : les arbres et les plantes
Sont devenus chez moi créatures parlantes.
Qui ne prendrait ceci pour un enchantement ?
« Vraiment, me diront nos critiques,
Vous parlez magnifiquement
De cinq ou six contes d'enfant »
Censeurs, en voulez-vous qui soient plus authentiques
Et d'un style plus haut ? En voici : « Les Troyens,
« Après dix ans de guerre autour de leurs murailles,
« Avaient lassé les Grecs, qui par mille moyens,
« Par mille assauts, par cent batailles,
« N'avaient pu mettre à bout cette fière cité,
« Quand un cheval de bois, par Minerve inventé,
« D'un rare et nouvel artifice,
« Dans ses énormes flancs reçut le sage Ulysse,
« Le vaillant Diomède, Ajax l'impétueux,
« Que ce colosse monstrueux
« Avec leurs escadrons devait porter dans Troie,
« Livrant à leur fureur ses dieux mêmes en proie :
« Stratagème inouï, qui des fabricateurs
« Paya la constance et la peine. »
« C'est assez, me dira quelqu'un de nos auteurs :
La période est longue, il faut reprendre haleine ;
Et puis votre cheval de bois,

Vos héros avec leurs phalanges,
Ce sont des contes plus étranges
Qu'un renard qui cajole un corbeau sur sa voix :
De plus il vous sied mal d'écrire en si haut style. »
Eh bien ! baissons d'un ton.
« La jalouse Amaryle
« Songeait à son Alcippe et croyait de ses soins
« N'avoir que ses moutons et son chien pour témoins.
« Tircis, qui l'aperçut, se glisse entre des saules ;
« Il entend la bergère adressant ces paroles
« Au doux zéphire, et le priant
« De les porter à son amant. »
« Je vous arrête à cette rime,
Dira mon censeur à l'instant ;
Je ne la tiens pas légitime.
Ni d'une assez grande vertu.
Remettez, pour le mieux, ces deux vers à la fonte. »
« Maudit censeur ! te tairas-tu ?
Ne saurai-je achever mon conte ?
C'est un dessein très dangereux
Que d'entreprendre de te plaire. »

Les délicats sont malheureux :
Rien ne saurait les satisfaire.

Conseil tenu par les rats

Un chat, nommé Rodilardus,
Faisait des rats telle déconfiture
Que l'on n'en voyait presque plus,
Tant il en avait mis dedans la sépulture.
Le peu qu'il en restait n'osant quitter son trou
Ne trouvait à manger que le quart de son soûl,
Et Rodilard passait, chez la gent misérable,
Non pour un chat, mais pour un diable.
Or, un jour qu'au haut et au loin
Le galand alla chercher femme,
Pendant tout le sabbat qu'il fit avec sa dame,
Le demeurant des rats tint chapitre en un coin
Sur la nécessité présente.
Dès l'abord, leur doyen, personne fort prudente,
Opina qu'il fallait, et plus tôt que plus tard,
Attacher un grelot au cou de Rodilard ;
Qu'ainsi, quand il irait en guerre,
De sa marche avertis, ils s'enfuiraient en terre ;
Qu'ils n'y savaient que ce moyen.
Chacun fut de l'avis de Monsieur le Doyen :
Chose ne leur parut à tous plus salutaire.
La difficulté fut d'attacher le grelot.
L'un dit : « Je n'y vas point, je ne suis pas si sot, »
L'autre : « Je ne saurais. » Si bien que sans rien faire
On se quitta. J'ai maints chapitres vus,
Qui pour néant se sont ainsi tenus ;
Chapitres, non de rats, mais chapitres de moines,
Voire chapitres de chanoines.

Ne faut-il que délibérer,
La cour en conseillers foisonne ;
Est-il besoin d'exécuter,
L'on ne rencontre plus personne.

Le Loup plaidant contre le Renard
par-devant le Singe

Un loup disait qu'on l'avait volé.
Un renard, son voisin, d'assez mauvaise vie,
Pour ce prétendu vol par lui fut appelé.
Devant le singe il fut plaidé,
Non point par avocat, mais par chaque partie,
Thémis n'avait point travaillé
De mémoire de singe à fait plus embrouillé.
Le magistrat suait en son lit de justice.
Après qu'on eut bien contesté,
Répliqué, crié, tempêté,
Le juge, instruit de leur malice,
Leur dit : « Je vous connais de longtemps, mes amis,
Et tous deux vous paierez l'amende ;
Car toi, loup, tu te plains, quoiqu'on ne t'ait rien pris
Et toi, renard, as pris ce que l'on te demande. »
Le juge prétendait qu'à tort et à travers
On ne saurait manquer, condamnant un pervers.

Note :
Quelques personnes de bon sens ont cru que l'impossibilité et
la contradiction, qui est dans le jugement de ce singe, était une
chose à censurer : mais je ne m'en suis servi qu'après Phèdre ; et
c'est en cela que consiste le bon mot, selon mon avis. La Fontaine

Les deux Taureaux et une Grenouille

Deux taureaux combattaient à qui posséderait
Une génisse avec l'empire.
Une grenouille en soupirait.
« Qu'avez-vous ? » se mit à lui dire
Quelqu'un du peuple croassant.
« Eh ! ne voyez-vous pas, dit-elle,
Que la fin de cette querelle
Sera l'exil de l'un ; que l'autre, le chassant,
Le fera renoncer aux campagnes fleuries ?
Il ne régnera plus sur l'herbe des prairies,
Viendra dans nos marais régner sur nos roseaux ;
Et nous foulant aux pieds jusques au fond des eaux,
Tantôt l'une, et puis l'autre, il faudra qu'on pâtisse
Du combat qu'a causé Madame la Génisse »

Cette crainte était de bon sens.
L'un des taureaux en leur demeure
S'alla cacher, à leurs dépens :
Il en écrasait vingt par heure.
Hélas, on voit que de tout temps
Les petits ont pâti des sottises de grands.

La Chauve-souris et les deux Belettes

Une chauve-souris donna tête baissée
Dans un nid de belettes ; et sitôt qu'elle y fut,
L'autre, envers les souris de longtemps courroucée,
Pour la dévorer accourut.
« Quoi ? vous osez, dit-elle, à mes yeux vous produire,
Après que votre race a tâché de me nuire !
N'êtes-vous pas souris ? Parlez sans fiction.
Oui, vous l'êtes, ou bien je ne suis pas belette.
– Pardonnez-moi, dit la pauvrette,
Ce n'est pas ma profession.
Moi souris ! Des méchants vous ont dit ces nouvelles.
Grâce à l'auteur de l'univers,
Je suis oiseau ; voyez mes ailes :
Vive la gent qui fend les airs. »
Sa raison plut, et sembla bonne.
Elle fait si bien qu'on lui donne
Liberté de se retirer.
Deux jours après, notre étourdie
Aveuglément va se fourrer
Chez une autre belette, aux oiseaux ennemie.
La voilà derechef en danger de sa vie.
La dame du logis avec son long museau
S'en allait la croquer en qualité d'oiseau,
Quand elle protesta qu'on lui faisait outrage :
« Moi, pour telle passer ! Vous n'y regardez pas
Qui fait l'oiseau ? C'est le plumage.
Je suis souris : vivent les rats ! »
Jupiter confonde les chats ! »
Par cette adroite répartie
Elle sauva deux fois sa vie.

Plusieurs se sont trouvés qui, d'écharpe changeant,
Aux dangers ainsi qu'elle, ont souvent fait la figue.

Le sage dit, selon les gens,
« Vive le Roi ! vive la ligue ! »

L'Oiseau blessé d'une Flèche

Mortellement atteint d'une flèche empennée,
Un oiseau déplorait sa triste destinée,
Et disait, en souffrant un surcroît de douleur :
« Faut-il contribuer à son propre malheur !
Cruels humains ! Vous tirez de nos ailes
De quoi faire voler ces machines mortelles.
Mais ne vous moquez point, engeance sans pitié :
Souvent il vous arrive un sort comme le nôtre.
Des enfants de Japet toujours une moitié
Fournira des armes à l'autre. »

La Lice et sa Compagne

Une lice étant sur son terme,
Et ne sachant où mettre un fardeau si pressant,
Fait si bien qu'à la fin sa compagne consent
De lui prêter sa hutte, où la lice s'enferme.
Au bout de quelque temps sa compagne revient.
La lice lui demande encore une quinzaine ;
Ses petits ne marchaient, disait-elle, qu'à peine.
Pour faire court, elle l'obtient.
Ce second terme échu, l'autre lui redemande
Sa maison, sa chambre, son lit.
La lice cette fois, montre les dents, et dit :
« Je suis prête à sortir avec toute ma bande,
Si vous pouvez nous mettre hors. »
Ses enfants étaient déjà forts.

Ce qu'on donne aux méchants, toujours on le regrette.

Pour tirer d'eux ce qu'on leur prête,
Il faut que l'on en vienne aux coups ;
Il faut plaider, il faut combattre.
Laissez-leur un pied chez vous,
Ils en auront bientôt pris quatre.

L'Aigle et l'Escarbot

L'aigle donnait la chasse à maître Jean Lapin,
Qui droit à son terrier s'enfuyait au plus vite.
Le trou de l'escarbot se rencontre en chemin.
Je laisse à penser si ce gîte
Était sûr ; mais où mieux ?
Jean Lapin s'y blottit.
L'aigle fondant sur lui nonobstant cet asile,
L'escarbot intercède et dit :
« Princesse des oiseaux, il vous est fort facile
D'enlever malgré moi ce pauvre malheureux ;
Mais ne me faites pas cet affront, je vous prie ;
Et puisque Jean Lapin vous demande la vie,
Donnez-la-lui, de grâce, ou l'ôtez à tous deux :
C'est mon voisin, c'est mon compère. »
L'oiseau de Jupiter, sans répondre un seul mot,
Choque de l'aile l'escarbot,
L'étourdit, l'oblige à se taire,
Enlève Jean Lapin. L'escarbot indigné
Vole au nid de l'oiseau, fracasse en son absence,
Ses œufs, ses tendres œufs, sa plus douce espérance :
Pas un seul ne fut épargné.
L'aigle étant de retour et voyant ce ménage,
Remplit le ciel de cris : et pour comble de rage,
Ne sait sur qui venger le tort qu'elle a souffert.
Elle gémit en vain : sa plainte au vent se perd.
Il fallut pour cet an vivre en mère affligée.
L'an suivant, elle mit son nid en lieu plus haut.
L'escarbot prend son temps, fait faire aux œufs le saut.
La mort de Jean lapin derechef est vengée.
Ce second deuil fut tel, que l'écho de ces bois
N'en dormit de plus de six mois.
L'oiseau qui porte Ganymède
Du monarque des dieux enfin implore l'aide,

Dépose en son giron ses œufs, et croit qu'en paix
Ils seront dans ce lieu ; que, pour ses intérêts,
Jupiter se verra contraint de les défendre :
Hardi qui les irait là prendre.
Aussi ne les y prit-on pas.
Leur ennemi changea de note,
Sur la robe du dieu fit tomber une crotte ;
Le dieu la secouant jeta les œufs à bas.
Quand l'aigle sut l'inadvertance,
Elle menaça Jupiter
D'abandonner sa cour, d'aller vivre au désert,
De quitter toute dépendance,
Avec mainte autre extravagance.
Le pauvre Jupiter se tut :
Devant son tribunal l'escarbot comparut,
Fit sa plainte et conta l'affaire.
On fit entendre à l'aigle enfin qu'elle avait tort.
Mais, les deux ennemis ne voulant point d'accord,
Le monarque des dieux s'avisa, pour bien faire,
De transporter le temps où l'aigle fait l'amour
En une autre saison, quand la race escarbote
Est en quartier d'hiver, et comme la marmotte,
Se cache et ne voit point le jour.

Le Lion et le Moucheron

« Va-t-en, chétif insecte, excrément de la terre » :
C'est en ces mots que le Lion
Parlait un jour au moucheron.
L'autre lui déclara la guerre.
« Penses-tu, lui dit-il, que ton titre de roi
Me fasse peur, ni me soucie ?
Un bœuf est plus puissant que toi,
Je le mène à ma fantaisie. »
A peine il achevait ces mots,
Que lui-même il sonna la charge,
Fut la trompette et le héros.
Dans l'abord il se met au large ;
Puis prend son temps, fond sur le cou
Du lion, qu'il rend presque fou.
Le quadrupède écume, et son œil étincelle ;
Il rugit ; on se cache, on tremble à l'environ :
Et cette alarme universelle
Est l'ouvrage d'un moucheron.
Un avorton de mouche en cent lieux le harcelle :
Tantôt pique l'échine et tantôt le museau.
Tantôt entre au fond du naseau.
La rage alors se trouve à son faîte montée.
L'invisible ennemi triomphe, et rit de voir
Qu'il n'est griffe ni dent en la bête irritée
Qui de la mettre en sang lui fasse son devoir.
Le malheureux lion se déchire lui-même,
Fait résonner sa queue à l'entour de ses flancs,
Bat l'air, qui n'en peut mais, et sa fureur extrême
Le fatigue, l'abat : le voilà sur les dents.
L'insecte du combat se retire avec gloire :
Comme il sonna la charge, il sonne la victoire,
Va partout l'annoncer, et rencontre en chemin
L'embuscade d'une araignée ;

Il y rencontre aussi sa fin.

Quelle chose par là nous peut être enseignée ?
J'en vois deux dont l'une est qu'entre nos ennemis
Les plus à craindre sont souvent les plus petits ;
L'autre, qu'aux grands périls tel a pu se soustraire,
Qui périt pour la moindre affaire.

L'Âne chargé d'éponges et l'Âne chargé de sel

Un ânier, son sceptre à la main,
Menait, en empereur romain,
Deux coursiers à longues oreilles.
L'un, d'éponges chargé, marchait comme un courrier ;
Et l'autre, se faisant prier,
Portait, comme on dit, les bouteilles :
Sa charge était de sel. Nos gaillards pèlerins
Par monts, par vaux et par chemins,
Au gué d'une rivière à la fin arrivèrent,
Et fort empêchés se trouvèrent.
L'ânier, qui tous les jours traversait ce gué là,
Sur l'âne à l'éponge monta,
Chassant devant lui l'autre bête,
Qui, voulant en faire à sa tête,
Dans un trou se précipita,
Revint sur l'eau, puis échappa ;
Car au bout de quelques nagées,
Tout son sel se fondit si bien
Que le baudet ne sentit rien
Sur ses épaules soulagées.
Camarade épongier prit exemple sur lui,
Comme un mouton qui va devant dessus la foi d'autrui.
Voilà mon âne à l'eau ; jusqu'au col il se plonge,
Lui le conducteur et l'éponge.
Tous trois burent d'autant : l'ânier et le grison
Firent à l'éponge raison.
Celle-ci devint si pesante,
Et de tant d'eau s'emplit d'abord,
Que l'âne succombant ne put gagner le bord.
L'ânier l'embrassait, dans l'attente
D'une prompte et certaine mort.
Quelqu'un vint au secours : qui ce fut, il n'importe ;
C'est assez qu'on ait vu par là qu'il ne faut point

Agir chacun de même sorte.
J'en voulais venir à ce point.

Le Lion et le Rat

Il faut, autant qu'on peut, obliger tout le monde :
On a souvent besoin d'un plus petit que soi.
De cette vérité deux fables feront foi,
Tant la chose en preuves abonde.

Entre les pattes d'un lion
Un rat sortit de terre assez à l'étourdie.
Le roi des animaux, en cette occasion,
Montra ce qu'il était et lui donna la vie.
Ce bienfait ne fut pas perdu.
Quelqu'un aurait-il jamais cru
Qu'un lion d'un rat eût affaire ?
Cependant il advint qu'au sortir des forêts
Ce lion fut pris dans des rets,
Dont ses rugissements ne le purent défaire.
Sire rat accourut et fit tant par ses dents
Qu'une maille rongée emporta tout l'ouvrage.

Patience et longueur de temps
Font plus que force ni que rage.

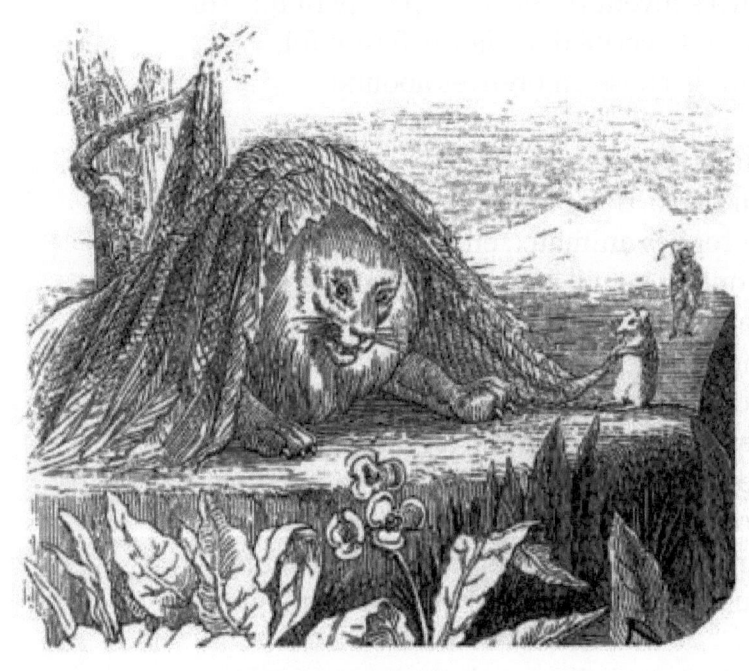

La Colombe et la Fourmi

L'autre exemple est tiré d'animaux plus petits.

Le long d'un clair ruisseau buvait une colombe,
Quand sur l'eau se penchant une fourmi y tombe,
Et dans cet océan l'on eût vu la fourmi
S'efforcer, mais en vain, de regagner la rive.
La colombe aussitôt usa de charité :
Un brin d'herbe dans l'eau par elle étant jeté,
Ce fut un promontoire où la fourmi arrive.
Elle se sauve ; et là-dessus
Passe un certain croquant qui marchait les pieds nus.
Ce croquant, par hasard, avait une arbalète.
Dès qu'il voit l'oiseau de Vénus,
Il le croit en son pot, et déjà lui fait fête.
Tandis qu'à le tuer mon villageois s'apprête,
La fourmi le pique au talon.
Le vilain retourne la tête :
La colombe l'entend, part et tire de long.
Le soupé du croquant avec elle s'envole :
Point de pigeon pour une obole.

L'Astrologue qui se laisse tomber dans un puits

Un astrologue un jour se laissa choir
Au fond d'un puits. On lui dit : « Pauvre bête,
Tandis qu'à peine à tes pieds tu peux voir,
Penses-tu lire au-dessus de ta tête ? »
Cette aventure en soi, sans aller plus avant,
Peut servir de leçon à la plupart des hommes.
Parmi ce que de gens sur la terre nous sommes
Il en est peu qui fort souvent
Ne se plaisent d'entendre dire
Qu'au livre du destin les mortels peuvent lire.
Mais ce livre, qu'Homère et les siens ont chanté,
Qu'est-ce, que le hasard parmi l'antiquité,
Et parmi nous la providence ?
Or, du hasard, il n'est point de science :
S'il en était, on aurait tort
De l'appeler hasard, ni fortune, ni sort,
Toutes choses très incertaines.
Quant aux volontés souveraines
De celui qui fait tout, et rien qu'avec dessein,
Qui les sait, que lui seul ? Comment lire en son sein ?
Aurait-il imprimé sur le front des étoiles
Ce que la nuit des temps enferme dans ses voiles ?
A quelle utilité ? Pour exercer l'esprit
De ceux qui de la sphère et du globe ont écrit ?
Pour nous faire éviter des maux inévitables ?
Nous rendre, dans les biens, de plaisir incapable ?
Et, causant du dégoût pour ces biens prévenus,
Les convertir en maux devant qu'ils soient venus ?
C'est erreur, ou plutôt, c'est crime de le croire.
Le firmament se meut, les astres font leur cours,
Le soleil nous fuit tous les jours,
Tous les jours sa clarté succède à l'ombre noire,
Sans que nous en puissions autre chose inférer

Que la nécessité de luire et d'éclairer,
D'amener les saisons, de mûrir les semences,
De verser sur les corps certaines influences.
Du reste, en quoi répond au sort toujours divers
Ce train toujours égal dont marche l'univers ?
Charlatans, faiseurs d'horoscopes,
Quittez les cours des princes de l'Europe ;
Emmenez avec vous les souffleurs tout d'un temps :
Vous ne méritez pas plus de foi que ces gens.

Je m'emporte un peu trop : revenons à l'histoire
De ce spéculateur qui fut contraint de boire.
Outre la vanité de son art mensonger,
C'est l'image de ceux qui baillent aux chimères,
Cependant qu'ils sont en danger,
Soit pour eux, soit pour leurs affaires.

Le Lièvre et les Grenouilles

Un lièvre en son gîte songeait
(Car que faire en un gîte, à moins que l'on ne songe ?) ;

Dans un profond ennui ce lièvre se plongeait :
Cet animal est triste, et la crainte le ronge.
« Les gens de naturel peureux
Sont, disait-il, bien malheureux ;
Ils ne sauraient manger morceau qui leur profite,
Jamais un plaisir pur, toujours assauts divers.
Voilà comme je vis : cette crainte maudite
M'empêche de dormir, sinon les yeux ouverts.
Corrigez-vous, dira quelque sage cervelle.
Et la peur se corrige-t-elle ?
Je crois même qu'en bonne foi
Les hommes ont peur comme moi »
Ainsi raisonnait notre lièvre,
Et cependant faisait le guet.
Il était douteux, inquiet :
Un souffle, une ombre, un rien, tout lui donnait la fièvre.
Le mélancolique animal,
En rêvant à cette matière,
Entend un léger bruit : ce lui fut un signal
Pour s'enfuir devers sa tanière.
Il s'en alla passer sur le bord d'un étang.
Grenouilles aussitôt de sauter dans les ondes,
Grenouilles de rentrer en leurs grottes profondes.
« Oh ! dit-il, j'en fais faire autant
Qu'on m'en fait faire ! Ma présence
Effraye aussi les gens, je mets l'alarme au camp !
Et d'où me vient cette vaillance ?
Comment ! des animaux qui tremblent devant moi !
Je suis donc un foudre de guerre ?

Il n'est, je le vois bien, si poltron sur la terre
Qui ne puisse trouver un plus poltron que soi. »

Le Coq et le Renard

Sur la branche d'un arbre était en sentinelle
Un vieux coq adroit et matois.
« Frère, dit un renard, adoucissant sa voix,
Nous ne sommes plus en querelle :
Paix générale cette fois.
Je viens te l'annoncer, descends, que je t'embrasse.
Ne me retarde point, de grâce ;
Je dois faire aujourd'hui vingt postes sans manquer.
Les tiens et toi pouvez vaquer,
Sans nulle crainte, à vos affaires ;
Nous vous y servirons en frères.
Faites en les feux dès ce soir,
Et cependant, viens recevoir
Le baiser d'amour fraternelle.
– Ami, reprit le coq, je ne pouvais jamais
Apprendre une plus douce et meilleure nouvelle
Que celle
De cette paix ;
Et ce m'est une double joie
De la tenir de toi. Je vois deux lévriers,
Qui, je m'assure, sont courriers
Que pour ce sujet on m'envoie.
Ils vont vite et seront dans un moment à nous
Je descends : nous pourrons nous entre-baiser tous.
– Adieu, dit le renard, ma traite est longue à faire,
Nous nous réjouirons du succès de l'affaire
Une autre fois. » Le galand aussitôt
Tire ses grègues, gagne au haut,
Mal content de son stratagème.
Et notre vieux coq en soi-même
Se mit à rire de sa peur ;
Car c'est double plaisir de tromper le trompeur.

Le Corbeau voulant imiter l'Aigle

L'oiseau de Jupiter enlevant un mouton,
Un corbeau, témoin de l'affaire,
Et plus faible de reins, mais non pas moins glouton,
En voulant sur l'heure autant faire.
Il tourne à l'entour du troupeau,
Marque entre cent moutons le plus gras, le plus beau,
Un vrai mouton de sacrifice :
On l'avait réservé pour la bouche des Dieux.
Gaillard corbeau disait, en le couvant des yeux :
« Je ne sais qui fut ta nourrice ;
Mais ton corps me paraît en merveilleux état :
Tu me serviras de pâture »
Sur l'animal bêlant à ces mots il s'abat.
La moutonnière créature
Pesait plus qu'un fromage, outre que sa toison
Était d'une épaisseur extrême,
Et mêlée à peu près de la même façon
Que la barbe de Polyphème.
Elle empêtra si bien les serres du corbeau,
Que le pauvre animal ne put faire retraite.
Le berger vient, le prend, l'encage et beau
Le donne à ses enfants pour servir d'amusette.
Il faut se mesurer ; la conséquence est nette :
Mal prend aux volereaux de faire les voleurs.
L'exemple est un dangereux leurre :
Tous les mangeurs de gens ne sont pas grands seigneurs ;
Où la guêpe a passé, le moucheron demeure.

Le Paon se plaignant à Junon

Le paon se plaignait à Junon.
« Déesse, disait-il, ce n'est pas sans raison
Que je me plains, que je murmure :
Le chant dont vous m'avez fait don
Déplaît à toute la nature ;
Au lieu qu'un rossignol, chétive créature,
Forme ses sons aussi doux qu'éclatants,
Est lui seul l'honneur du printemps. »
Junon répondit en colère :
« Oiseau jaloux, et qui devrais te taire,
Est-ce à toi d'envier la voix du rossignol,
Toi que l'on voit porter à l'entour de ton col
Un arc en ciel nué de cent sortes de soies,
Qui te panades, qui déploies
Une si riche queue, et qui semble à nos yeux
La boutique d'un lapidaire ?
Est-il quelque oiseau sous les cieux
Plus que toi capable de plaire ?
Tout animal n'a pas toutes propriétés.
Nous vous avons donné diverses qualités :
Les uns ont la grandeur et la force en partage ;
Le faucon est léger, l'aigle plein de courage ;
Le corbeau sert pour le présage ;
La corneille avertit des malheurs à venir ;
Tous sont contents de leur ramage.
Cesse donc de te plaindre ; ou bien, pour te punir,
Je t'ôterai ton plumage. »

La Chatte métamorphosée en Femme

Un homme chérissait éperdument sa chatte ;
Il la trouvait mignonne, et belle, et délicate,
Qui miaulait d'un ton fort doux :
Il était plus ou que les fous.
Cet homme donc, par prières, par larmes,
Par sortilèges et par charmes,
Fait tant qu'il obtient du destin
Que sa chatte, en un beau matin,
Devient femme ; et, le matin même,
Maître sot en fait sa moitié.
Le voilà fou d'amour extrême,
De fou qu'il était d'amitié.
Jamais la dame la plus belle
Ne charma tant son favori
Que fait cette épouse nouvelle
Son hypocondre de mari.
Il n'y trouve plus rien de chatte.
Un soir quelques souris qui rongeaient de la natte
Troublèrent le repos des nouveaux mariés.
Aussitôt la femme est sur pieds.
Elle manqua son aventure.
Souris de revenir, femme d'être en posture :
Pour cette fois, elle accourut à point ;
Ce lui fut toujours une amorce,
Tant le naturel a de force.
Il se moque de tout, certain âge accompli.
Le vase est imbibé, l'étoffe a pris son pli.
En vain de son train ordinaire
On le veut désaccoutumer :
Quelque chose qu'on puisse faire,
On ne saurait le réformer.
Coups de fourche ni d'étrivières
Ne lui font changer de manière ;

Et fussiez-vous embâtonnés,
Jamais vous n'en serez les maîtres.
Qu'on lui ferme la porte au nez,
Il reviendra par les fenêtres.

Le Lion et l'Âne chassant

Le roi des animaux se mit un jour en tête
De giboyer : il célébrait sa fête.
Le gibier du lion, ce ne sont pas moineaux,
Mais beaux et bons sangliers, daims et cerfs bons et beaux.
Pour réussir dans cette affaire,
Il se servit du ministère
De l'âne à la voix de Stentor.
L'âne à Messer lion fit office de cor.
Le lion le posta, le couvrit de ramée,
Lui commanda de braire, assuré qu'à ce son
Les moins intimidés fuiraient de leur maison.
Leur troupe n'était pas encore accoutumée
A la tempête de sa voix ;
L'air en retentissait d'un bruit épouvantable :
La frayeur saisissait les hôtes de ces bois,
Tous fuyaient, tous tombaient au piège inévitable
Où les attendait le lion.
« N'ai-je pas bien servi dans cette occasion ?
Dit l'âne en se donnant tout l'honneur de la chasse.
– Oui, reprit le lion, c'est bravement crié :
Si je ne connaissais ta personne et ta race,
J'en serais moi-même effrayé. »
L'âne, s'il eût osé, se fut mis en colère,
Encor qu'on le raillât avec juste raison ;
Car qui pourrait souffrir un âne fanfaron ?
Ce n'est pas là leur caractère.

Testament expliqué par Ésope

Si ce qu'on dit d'Ésope est vrai,
C'était l'oracle de la Grèce :
Lui seul avait plus de sagesse
Que tout l'Aréopage. En voici pour essai
Une histoire des plus gentilles
Et qui pourra plaire au lecteur.

Un certain homme avait trois filles,
Toutes trois de contraire humeur :
Une buveuse, une coquette,
La troisième, avare parfaite.
Cet homme, par son testament,
Selon les lois municipales,
Leur laissa tout son bien par portions égales,
Et donnant à leur mère tant,
Payable quand chacune d'elles
Ne posséderait plus sa contingente part.
Le père mort, les trois femelles
Courent au testament, sans attendre plus tard.
On le lit, on tâche d'entendre
La volonté du testateur ;
Mais en vain ; car comment comprendre
Qu'aussitôt que chacune sœur
Ne possédera plus sa part héréditaire,
Il lui faudra payer sa mère ?
Ce n'est pas un fort bon moyen
Pour payer, que d'être sans bien.
Que voulait donc dire le père ?
L'affaire est consultée, et tous les avocats,
Après avoir tourné le cas
En cent et cent mille manières,
Y jettent leur bonnet, se confessent vaincus,
Et conseillent aux héritières

De partager le bien sans songer au surplus.
« Quant à la somme de la veuve,
Voici, leur dirent-ils, ce que le conseil treuve :
Il faut que chaque sœur se charge par traité
Du tiers, payable à volonté,
Si mieux n'aime la mère en créer une rente,
Dès le décès du mort courante. »
La chose ainsi réglée, on composa trois lots :
En l'un, les maisons de bouteille,
Les buffets dressés sous la treille,
La vaisselle d'argent, les cuvettes, les brocs,
Les magasins de malvoisie,
Les esclaves de bouche, et pour dire en deux mots,
L'attirail de la goinfrerie ;
Dans un autre, celui de la coquetterie,
La maison de la ville et les meubles exquis,
Les eunuques et les coiffeuses,
Et les brodeuses,
Les joyaux, les robes de prix ;
Dans le troisième lot, les fermes, le ménage,
Les troupeaux et le pâturage,
Valets et bêtes de labeur.
Ces lots faits, on jugea que le sort pourrait faire
Que peut-être pas une sœur
N'aurait ce qui lui pourrait plaire.
Ainsi chacune prit son inclination,
Le tout à l'estimation.
Ce fut dans la ville d'Athènes
Que cette rencontre arriva.
Petits et grands, tout approuva
Le partage et le choix : Ésope seul trouva
Qu'après bien du temps et des peines
Les gens avaient pris justement
Le contre-pied du testament.
« Si le défunt vivait, disait-il, que l'Attique

Aurait de reproches de lui !
Comment ? Ce peuple qui se pique
D'être le plus subtil des peuples d'aujourd'hui,
A si mal entendu la volonté suprême
D'un testateur ? » Ayant ainsi parlé,
Il fait le partage lui-même,
Et donne à chaque sœur un lot contre son gré ;
Rien qui pût être convenable,
Partant rien aux sœurs d'agréable :
A la coquette, l'attirail
Qui suit les personnes buveuses ;
La biberonne eut le bétail ;
La ménagère eut les coiffeuses.
Tel fut l'avis du Phrygien,
Alléguant qu'il n'était moyen
Plus sûr pour obliger les filles
A se défaire de leur bien ;
Qu'elles se marieraient dans les bonnes familles,
Quand on leur verrait de l'argent ;
Paieraient leur mère tout comptant ;
Ne posséderaient plus les effets de leur père :
Ce que disait le testament.
Le peuple s'étonna comme il se pouvait faire
Qu'un homme seul eût plus de sens
Qu'une multitude de gens.

À propos de cette édition électronique

Texte libre de droits.

Corrections, édition, conversion informatique et publication par le groupe :

Ebooks libres et gratuits
http://fr.groups.yahoo.com/group/ebooksgratuits

Adresse du site web du groupe :
http://www.coolmicro.org/livres.php

——

9 octobre 2003

——

– Sources (textes et illustrations) :

http://www.lafontaine.net/lafontaine/plan Un site entièrement dédié à Jean de La Fontaine. Tout ce que vous avez toujours voulu savoir sur Jean de La Fontaine sans jamais oser le demander. Vous y trouverez la totalité de son œuvre, les fables étant toutes commentées de manière détaillée, la totalité des illustrations disponibles sur le Web, dont celles du présent ouvrage, une biographie, et de nombreux autres articles, etc. Indispensable...
http://www.chez.com/damienbe/menu.htm La Grande Bibliothèque Poétique.

– Dispositions :

Les livres que nous mettons à votre disposition, sont des textes libres de droits, que vous pouvez utiliser librement, à une fin non commerciale et non professionnelle. Si vous désirez les faire paraître sur votre site, ils ne doivent pas être altérés en aucune sorte. **Tout lien vers notre site est bienvenu...**

– Qualité :